A simple guide to great salsas!

SALSAS

Chefs Jaime Martin Del Campo & Ramiro Arvizu

Sencillas y deliciosas

DEDICATION
Dedicación

It wasn't an easy task to reflect on the people that we wanted to thank and dedicate this book to. Not for not being able to think of important people in our journeys. Exactly the opposite, we have been blessed with so many great people along our way. It is almost impossible to point out a specific person that stands out because each has different significance at different defining moments of our lives. So we want to take this opportunity to sincerely thank every single person that has been with us, helping, supporting, adding, contributing, and showing us their affection throughout the years. We love you! (You all know who you are).

At the same time we do not want to miss the opportunity to name a few people that deserved to be mentioned in our dedication. For me, Jaime, I want to dedicate this book to my family and all of my friends that love and support Mexican cuisine. For me, Ramiro, everything points to my grandmother and all the people that look for and enjoy good food.

No es fácil dedicar este libro. No por falta de personas importantes en nuestras vidas. Al contrario, somos tan afortunados de haber encontrado muchas personas que han sido importantes en su forma y en su momento. Evitaremos la tentación de nombrar a alguien. Queremos aprovechar estas líneas para agradecer y dedicar este humilde trabajo a todos aquellos que nos han ayudado contribuyendo algo a nuestras vidas. Sinceramente, muchas gracias (ustedes saben quienes son).

Cabe mencionar, en específico, para mí, Jaime, agradezco a mi familia y amigos que apoyan nuestra pasión por la cocina mexicana. Yo, Ramiro, mis agradecimientos apuntan a mi abuela y a toda esa gente que disfruta del buen comer.

"a mi abuela"

"a mi famila y amigos"

"Salsas are the queens of Mexican cuisine because they are the crowning glory of every dish. There is no doubt that salsas are fundamental to Mexican cookery and a salsa made in a molcajete represents, above all, centuries of traditional Mexican cuisine."

"Las salsas son las reinas de la cocina porque son las que engalanan todos los platillos. Las salsas, sin duda, son un elemento fundamental en toda comida mexicana y una salsa hecha en molcajete representa, ante todo, siglos de tradición dentro de la gastronomía mexicana."

Chefs Jaime Martin Del Campo & Ramiro Arvizu

TABLE OF CONTENTS
Indice

Salsas form a basic part of Mexican cooking, and their preparation, more than just an art, is an inherited tradition valued zealously and maintained. We, of course, strive to continue preserving this delicious tradition. Today, this tradition is shared with lovers of Mexican culinary art by way of this book.

Las salsas son más que un arte, son la tradición que se pasa por generaciones en la cocina mexicana. A nosotros nos enorgullece el poder preservar y promover esta deliciosa tradición. Hoy en día, nosotros compartiremos con ustedes nuestra hermosa cultura por medio de este recetario. Esperemos que lo disfruten.

ROAST TOMATILLO & PUMPKIN SEED SALSA

Salsa de tomatillo asado, chile de árbol y pepita de calabaza

1

SALSA CRUDA (RAW)

Salsa cruda

3

TEQUILA SALSA

Salsa de chiles al Tequila

5

JAIME & RAMIRO'S DRUNKEN SALSA

Salsa borracha de Jaime y Ramiro.

7

TOASTED PUMPKIN SEED & PORK RIND SALSA

Salsa de semillas de calabaza tostadas con chicharrón

9

PEANUT & PUMKIN SEED SALSA

Salsa de cacahuete y pepita

11

CHILACA SALSA

Salsa de chilacas

13

ANCHO & MORITA SALSA

Salsa de chile ancho y morita

15

CHIPOTLE SALSA

Salsa de chile chipotle

17

JALAPEÑO SALSA

Salsa de chile jalapeño

19

CHILE ARBOL SALSA

Salsa de chile de árbol

21

GUAJILLO SALSA

Salsa de chile guajillo

23

HABANERO SALSA
Salsa de chile habanero
25

MANZANO SALSA
Salsa de chiles manzanos
27

MORITA & PASILLA SALSA
Salsa de chile morita
y chile pasilla
29

MORITA SALSA
Salsa de chile morita
31

PASILLA SALSA
Salsa de chile pasilla
33

PIQUIN & PULQUE SALSA
Salsa de chile
piquín con pulque
35

GUAJILLO & TOMATO SALSA
Salsa de chile guajillo
37

PLAZA SALSA
Salsa de plaza
39

TOMATILLO & DRIED CHIPOTLE SALSA
Salsa de tomatillo
y chipotle seco
41

TOMATILLO & ROOT BEER PLANT SALSA
Salsa de tomatillo y hoja santa
43

CHILE MOLCAJETEADO WITH XOCONOSTLE
Chile molcajeteado
con xoconostle
45

FRIED SALSA
Salsa frita con chile de árbol
47

ROAST TOMATILLO & PUMPKIN SEED SALSA

Salsa de tomatillo asado, chile de árbol y pepita de calabaza

Ingredients

- 17 oz tomatillos, dehusked and well roasted
- 2 cloves of garlic roasted in their skins, peeled
- 2oz white onion, roasted
- 1oz pumpkin seeds, toasted
- 1 cup of Vegetable oil
- 15 dried arbol chiles
- 1 ¼ tsp salt

Ingredientes

- ½ Kilogramo de tomatillo sin cáscara, bien asado.
- 2 Dientes de ajo asados en su piel, pelados.
- 60 Gramos de cebolla blanca, asada.
- 30 Gramos de pepita de calabaza tostada.
- 1 Taza de aceite vegetal.
- 15 Chiles de árbol secos.
- 1 ¼ Cucharadita de sal.

Directions

In a frying pan, heat the oil over medium heat. Fry the dried chiles, stirring constantly, until golden brown. Remove from heat and drain excess oil with kitchen paper. Set aside.

In a molcajete or blender, grind the pumpkin seeds with the salt, onion and garlic into a smooth paste. Add the dried chiles, grind and mix into the paste. Add the rest of the ingredients and grind until roughly puréed. Add salt to taste and set aside.

Serve at room temperature in a sauce boat.

Procedimiento

Caliente aceite en un sartén a fuego medio, fría los chiles secos moviendo constantemente para que se doren de manera uniforme sin quemarse, retire del fuego, escurra los chiles en papel absorbente, reserve.

En un molcajete o licuadora muela la pepita con la sal, cebolla y ajo hasta formar una pasta fina, añada los chiles secos, muela e incorpore a la pasta, añada el resto de los ingredientes, tamule hasta obtener una salsa muy martajada, rectifique punto de sal, reserve.

Sirva a temperatura ambiente en una salsera.

*Grind the salsa in a food processor, blender, or molcajete

* Puede moler en molcajete, licuadora o procesador de comida

SALSA CRUDA (RAW)
Salsa cruda

Ingredients

- 3 tbsp cilantro, finely chopped
- 1 clove of garlic
- 1 tsp salt
- 2 tbsp white onion, finely chopped
- 1 lb. of peeled large tomatillos
- 2 cuaresmeño chiles

Directions

In a molcajete or blender, grind the cilantro, garlic and salt until they form a paste.

Add, grind and mix the tomatos, chiles and onion until you reach a salsa consistency.

Add a cup of water and more salt if desired.

Ingredientes

- 1 Rama frondosa de cilantro.
- 1 Diente de ajo.
- ¾ Cucharadita de sal.
- 30 Gramos de cebolla blanca finamente picada.
- 300 Gramos de tomate sin cáscara.
- 2 Chiles cuaresmeños sin rabo.

Procedimiento

En un molcajete o licuadora muela el cilantro, ajo y sal, muela hasta obtener una pasta, añada la cebolla y tomates, muela hasta formar una salsa martajada muy espesa, añada 1 taza de agua, mezcle perfectamente, rectifique punto de sal.

Sirva a temperatura ambiente.

*Grind the salsa in a food processor, blender, or molcajete

* Puede moler en molcajete, licuadora o procesador de comida

SALSA TEQUILA
Salsa de chiles al Tequila

Ingredients

- 3 Morita chiles
- 1 Ancho chile
- 1 Chilaca chile
- 1 Mulato chile
- 3 cloves garlic
- 2 tsp white onion, roasted
- 1 allspice
- 1 nutmeg
- 1 pinch oregano
- ¼ cup olive oil
- 3 tsp tequila

Directions

Roast the chiles and soak in hot water.

Grind the chiles together with the other ingredients.

Heat the oil and fry the salsa, seasoned with a little salt and add the Tequila.

Cook for 5 minutes.

Ingredientes

- 3 Chiles moritas
- 1 Chile ancho
- 1 Chile chilaca
- 1 Chile mulato
- 3 Dientes de ajo
- 2 Cdas soperas de cebolla blanca asada
- 1 Pimienta gorda
- 1 Clavo de olor
- 1 Pizca de oregano
- ¼ De taza de aceite de oliva
- 3 Cdas soperas de tequila

Procedimiento

Asar y remojar los chiles en agua caliente.

Moler los chiles con los demas Ingredientes

Calentar el aceite y freir la salsa, sazonado con un poco de sal y agregando el Tequila.

Cocina por cinco minutos.

*Grind the salsa in a food processor, blender, or molcajete

* Puede moler en molcajete, licuadora o procesador de comida

JAIME & RAMIRO'S DRUNKEN SALSA
Salsa borracha de Jaime y Ramiro.

Ingredients

- ½ cup vegetable oil
- 6 Pasilla chiles, destalked, peeled and deseeded
- 1 Cup Seville orange juice
- ½ teaspoon salt
- 2oz white onion, thinly sliced
- ½ cup Cotija cheese

Directions

Heat the vegetable oil in a frying pan. Add the chiles and fry over medium heat until browned all over. Remove from heat, remove excess oil with kitchen paper and set aside.

In a molcajete or blender, grind the fried chiles, Cojita cheese and salt into a fine paste. Add the orange juice to dilute the paste and mix until you have a slightly-thickened salsa. Set aside.

Heat 1 spoon oil in a frying pan. Add the onion and cook over medium heat until transparent. Add the salsa and cook for 5 minutes or until it loses its raw taste. Remove from heat. Add salt to taste and set aside.

*Grind the salsa in a food processor, blender, or molcajete

Ingredientes

- ½ Taza de aceite vegetal.
- 6 Chiles pasilla sin rabo, venas ni semillas.
- 1 Taza de jugo de naranja agria.
- ½ Cucharadita de sal.
- 60 Gramos de cebolla blanca en rebanadas delgadas.
- ½ Taza de queso Cotija.

Procedimiento

Caliente aceite en un sartén a fuego medio, añada los chiles, fría hasta dorar de manera uniforme todos los chiles, retire del fuego, escurra los chiles en papel absorbente, reserve.

En un molcajete o licuadora muela los chiles fritos, queso Cotija y sal hasta obtener una pasta fina, añada jugo de naranja, mezcle hasta diluir la pasta y obtener así una salsa ligeramente espesa, reserve.

Caliente una cucharada de aceite en un sartén a fuego medio, añada cebolla, deje freír hasta que quede transparente, añada la salsa, deje cocer por unos 5 minutos o hasta que pierda sabor a crudo, retire del fuego, rectifique punto de sal, reserve.

Sirva a temperatura ambiente o ligeramente fría en una salsera.

* Puede moler en molcajete, licuadora o procesador de comida

TOASTED PUMPKIN SEED & PORK RIND SALSA

Salsa de semillas de calabaza tostadas con chicharrón

Ingredients

- 2 oz pork rind
- 2 Serrano chile, destalked, deveined and deseeded
- 1 cup peeled pumpkin seeds, toasted
- 1 clove garlic, peeled
- 3 spring onions, without stalks, cut into wedges
- ¼ cup lemon juice
- ¼ cup olive oil
- 17 oz ripe tomatoes, well roasted
- 1 ½ tsp salt

Directions

In a blender, blend all the ingredients together into a smooth salsa. Add salt to taste and set aside.

Serve at room temperature in a sauce boat.

Ingredientes

- 60 Gramos de chicharrón de puerco.
- 2 Chiles serrano, sin rabo, venas ni semillas.
- 1 Taza de pepitas de calabaza peladas, tostadas.
- 1 Diente de ajo pelado.
- 3 Cebollas cambray, sin tallo, cortada en trozos.
- ¼ Taza de jugo de limón.
- ¼ Taza de aceite de oliva.
- ½ Kilogramo de jitomates maduros bien asados.
- 1 ½ Cucharadita de sal.

Procedimiento

Muela todos ingredientes juntos en tantos en una licuadora hasta integrarlos, de manera que quede una salsa tersa, rectifique punto de sal, reserve.

Sirva a temperatura ambiente.

*Grind the salsa in a food processor, blender, or molcajete

* Puede moler en molcajete, licuadora o procesador de comida

9

PEANUT & PUMKIN SEED SALSA
Salsa de cacahuete y pepita

Ingredients

- 1 cup olive oil
- 3 Serrano chiles, stemmed and finely chopped
- 4 arbol chiles, seeded
- 2 oz peanuts, shelled and peeled
- 2 oz pepitas (shelled pumpkin seeds)
- 2 tablespoon olive oil
- ½ teaspoon salt

Directions

Heat the oil in a frying pan over a medium heat. Fry the Serrano chiles until lightly browned. Add the arbol chiles and fry until lightly browned. Drain excess oil using kitchen paper. Fry the pepitas, remove from heat and grind all the ingredients in a molcajete. Add the olive oil little by little, and mix into a thick sauce, season to taste with salt.

Serve in a sauce boat at room temperature.

*Grind the salsa in a food processor, blender, or molcajete

Ingredientes

- 1 Taza de aceite de oliva para la salsa.
- 3 Chiles serrano sin rabo.
- 4 Chiles de árbol seco, sin rabo ni semillas.
- 125 Gramos de cacahuate pelado.
- 125 Gramos de pepita de calabaza.
- 2 Cucharadas de aceite de oliva para freír.
- ½ Cucharadita de sal.

Procedimiento

Caliente aceite en un sartén a fuego medio, fría los chiles Serrano hasta dorar ligeramente, añada los chiles de árbol secos, mueva hasta dorar ligeramente, escurra los chiles en papel absorbente, continúe con el sartén a fuego medio, fría el cacahuate hasta dorar ligeramente, escurra los cacahuates en papel absorbente, repita este paso con la pepita de calabaza, retire del fuego, muela todos los ingredientes en un molcajete, añada poco a poco aceite de oliva y mezcle hasta obtener una salsa muy espesa, agregue sal, mezcle, rectifique punto de sal, reserve.

Sirva en una salsera a temperatura ambiente.

* Puede moler en molcajete, licuadora o procesador de comida

CHILACA SALSA
Salsa de chilacas

Ingredients

- 6 roasted chilaca chiles, seeded
- 2 roasted garlic cloves, peeled
- 1 tablespoon white onion, chopped
- ½ teaspoon salt
- 4 tablespoon water
- 1 tablespoon of dried ground oregano

Directions

Grind the chilaca chiles with the garlic, onion and salt in a molcajete.

Add water, mix and season to taste with salt then set aside.

Serve in a sauce boat at room temperature sprinkled with oregano.

Ingredientes

- 6 Chilacas asadas.
- 2 Dientes de ajo asados.
- 1 Cucharada de cebolla blanca picada.
- ½ Cucharadita de sal.
- 4 Cucharadas de agua.
- 1 Cucharadita de orégano seco recién molido.

Procedimiento

En un molcajete muela perfectamente las chilacas con ajo, cebolla y sal, añada agua, mezcle, rectifique punto de sal, reserve.

Sirva a temperatura ambiente en una salsera espolvoree encima con orégano.

*Grind the salsa in a food processor, blender, or molcajete

* Puede moler en molcajete, licuadora o procesador de comida

ANCHO & MORITA SALSA
Salsa de chile ancho y morita

Ingredients

- 2 Morita chiles, destalked, deveined, deseeded and roasted
- 1 Ancho chile, destalked, deveined, deseeded and roasted
- 1 clove garlic, peeled
- 1 ¼ tsp salt
- 17oz tomatillos, dehusked, well roasted

Directions

In a saucepan, heat 2 cups of water over medium heat and bring to the boil. Remove from heat. Soak the chiles in the water for 15 minutes or until soft. Drain and set aside.

Grind the garlic and salt in a molcajete until the mixture is coarsely puréed. Add the chiles that have been soaked and softened and the roast tomatoes and mix until very roughly puréed. Add 2 spoonfuls of water, mix and add salt to taste. Set aside.

Serve at room temperature in a sauce boat.

Ingredientes

- 2 Chiles morita sin rabo, venas ni semillas, asado.
- 1 Chile ancho sin rabo, venas ni semillas, asado.
- 1 Diente de ajo pelado.
- 1 ¼ Cucharadita de sal.
- ½ Kilogramo de tomatillo sin cascara, bien asados.

Procedimiento

En una olla caliente 2 tazas de agua a fuego medio deje hervir, retire del fuego, remoje en esta agua los chiles por unos 15 minutos o hasta que queden suaves, escurra los chiles, reserve.

En un molcajete, muela el ajo con la sal, hasta formar una pasta tersa, añada los chiles que se remojaron y suavizaron y tomatillo asados, hasta obtener una salsa muy martajada, añada 2 cucharadas de agua, mezcle, rectifique punto de sal, reserve.

*Grind the salsa in a food processor, blender, or molcajete

* Puede moler en molcajete, licuadora o procesador de comida

CHIPOTLE SALSA

Salsa de chile chipotle

Ingredients

- 1 lb roasted red tomato.
- 4 chipotle chile
- 2 garlic roasted in its peel (no peel)
- ¼ cup water
- ½ tsp salt

Directions

Grind all ingredients until it has a coarse texture.

Ingredientes

- 1 Libra de jitomate maduro asado.
- 4 Chiles chipotles adobados.
- 2 Ajos asados en su piel, pelados.
- ¼ Taza de agua.
- ½ Cucharadita de sal.

Procedimiento

Moler todos los ingredientes hasta darles la consitencia de una salsa de molcajete.

*Grind the salsa in a food processor, blender, or molcajete

* Puede moler en molcajete, licuadora o procesador de comida

JALAPEÑO SALSA
Salsa de chile jalapeño

Ingredients

- 3 oz roasted jalapeños chiles, stemmed and finely chopped
- 1 ¼ tsp salt
- 1 tablespoon cilantro leaves, finely chopped
- 1 pound roasted ripe tomatoes

Ingredientes

- 100 Gramos de chiles jalapeños sin rabo, asados.
- ½ Kilogramo de jitomate maduro, bien asados.
- 1 ¼ Cucharadita de sal.
- 1 Cucharada de hojas de cilantro finamente picadas.

Directions

Grind the chiles, salt and coriander into a fine paste. Add the tomatoes and grind again until the mixture is coarsely puréed.Season to taste with salt then set aside.

Serve in a sauce boat at room temperature.

Procedimiento

Muela todos los ingredientes en un molcajete hasta integrarlos todos y quede una salsa martajada, rectifique punto de sal, reserve.

Sirva a temperatura ambiente en una salsera.

*Grind the salsa in a food processor, blender, or molcajete

* Puede moler en molcajete, licuadora o procesador de comida

CHILE ARBOL SALSA
Salsa de chile de árbol

Ingredients

- 2 tablespoons olive oil
- 2 oz white onion, finely chopped
- 3 cloves garlic, finely chopped
- 2 roasted árbol chiles, stemmed
- 1 pound roasted ripe tomatoes
- 1 ¼ teaspoon salt

Ingredientes

- 2 Cucharadas de aceite de oliva.
- 60 Gramos de cebolla blanca finamente picada.
- 3 Dientes de ajo pelados finamente picados.
- ½ Kilogramo de jitomate maduro, bien asado.
- 2 Chiles de árbol verdes sin rabo, bien asados.
- 1 ¼ Cucharadita de sal.

Directions

Heat the oil in a frying pan over a medium heat.

Fry the onion and garlic until the onion is transparent and the garlic is golden brown. Remove from the heat, strain the onion and set aside. In a molcajete grind the chiles, tomatoes and salt until the mixture is coarsely puréed or to taste. Add the onion and garlic and mix. Season to taste with salt.

Serve in a sauce boat at room temperature.

Procedimiento

Caliente aceite en un sartén a fuego medio, añada la cebolla y ajo, mueva y deje freír hasta que la cebolla quede transparente y el ajo ligeramente dorado, retire del fuego, escurra la cebolla y ajo, reserve.

En un molcajete muela perfectamente los jitomates asados, chiles de árbol asados y sal hasta formar una salsa martajada tan molida como desee, añada la cebolla y ajo, mezcle, rectifique punto de sal.

*Grind the salsa in a food processor, blender, or molcajete

* Puede moler en molcajete, licuadora o procesador de comida

GUAJILLO SALSA
Salsa de chile guajillo

Ingredients

- 10 Guajillo chiles
- 4 cloves garlic
- 1 cup water
- Salt to taste

Directions

Roast the chiles and devein.

Boil a little water and remove from heat. Soak the chiles in the water for 5 minutes.

Grind the chiles in a molcajete with the garlic and a little salt.

Slowly add the water until the salsa has the desired consistency.

Ingredientes

- 10 Chiles guajillos
- 4 Dientes de ajo
- 1 Taza de agua
- Sal al gusto

Procedimiento

Asa los chiles y desvénelos.

Hierva un poco de agua, retire del fuego y ponga los chiles a remojar durante cinco minutos, retire y escurra.

Martaje los chiles en un molcajete con los ajos y un poco de sal

Agrege poco a poco agua hasta que la salsa tenga consistencia deseada.

*Grind the salsa in a food processor, blender, or molcajete

* Puede moler en molcajete, licuadora o procesador de comida

HABANERO SALSA
Salsa de chile habanero

Ingredients

- 9 oz roasted Habanero chile, destalked, deveined, deseeded and chopped
- 9 cloves garlic roasted in their skins, peeled and finely chopped
- 1 cup Seville orange juice
- 1 tsp salt

Directions

In a cup, mix all the ingredients until the salt is completely blended into the orange juice. Add salt to taste and set aside.

Serve cold or at room temperature in a sauce boat.

Ingredientes

- 250 Gramos de chiles habaneros asados, sin rabo, venas ni semillas, picado.
- 9 Dientes de ajo asados en su piel, pelados, finamente picados.
- 1 Taza de jugo de naranja agria.
- 1 Cucharadita de sal.

Procedimiento

En un tazón mezcle todos los ingredientes hasta integrar perfectamente la sal en el jugo de naranja agria, rectifique punto de sal, reserve.

Sirva fria o a temperatura ambiente en una salsera.

*Grind the salsa in a food processor, blender, or molcajete

* Puede moler en molcajete, licuadora o procesador de comida

MANZANO SALSA
Salsa de chiles manzanos

Ingredients

- 17oz ripe tomatoes
- 5 red or green Manzano chiles
- 1 cup water
- 1 ½ tsp salt

Directions

Place the ingredients in a saucepan with the cup of water. Cook over medium heat for 15 minutes or until soft. Remove from heat. Place the tomatoes, chiles and water in a molcajete or belder and grind into a roughly puréed salsa. Add salt to taste and set aside.

Serve at room temperature in a sauce boat.

Ingredientes

- ½ Kilogramo de jitomates maduros.
- 5 Chiles manzanos verdes y amarillos.
- 1 Taza de agua.
- 1 ½ Cucharadita de sal.

Procedimiento

Coloque todos los ingredientes en una olla con una taza de agua, tape, ponga a fuego medio por unos 15 minutos a partir de que hierva o hasta que todo quede cocido, retire del fuego, coloque los jitomates chiles y agua en el molcajete o licuadora, muela hasta obtener una salsa muy martajada, rectifique punto de sal, reserve.

*Grind the salsa in a food processor, blender, or molcajete

* Puede moler en molcajete, licuadora o procesador de comida

MORITA & PASILLA SALSA
Salsa de chile morita y chile pasilla

Ingredients

- 3 Pasilla chiles, destalked, deveined and deseeded
- 3 Morita chiles, destalked, deveined and deseeded
- 1 clove garlic roasted in its skin, peeled
- 1 ¼ tsp salt
- 9oz ripe tomatoes, roasted
- 9oz tomatoes, well roasted
- 3 ½ oz prickly pear, cut into strips

Directions

Heat 2 cups of water over medium heat in a saucepan. Bring to the boil and remove from heat. Put the chiles in the saucepan and soak for 15 minutes or until soft. Drain and set aside.

In a molcajete or blender, crush the garlic and salt into a paste. Add the softened chiles and the roast tomatoes. Grind until roughly puréed and add the prickly pear strips. Mix, add salt to taste and set aside.

Serve at room temperature in a sauce boat.

Ingredientes

- 3 Chiles pasilla sin rabo, venas ni semillas.
- 3 Chiles morita sin rabo, venas ni semillas.
- 1 Diente de ajo asado en su piel, pelado.
- 1 ¼ Cucharadita de sal.
- 250 Gramos de jitomate maduro bien asados.
- 250 Gramos de tomate bien asados.
- 100 Gramos de nopal cocido, cortado en tiras.

Procedimiento

Caliente 2 tazas de agua en una olla a fuego medio, deje hervir, retire del fuego, coloque en la olla los chiles pasilla y morita, deje remojar unos 15 minutos o hasta que queden suaves, escurra los chiles, reserve.

En un molcajete o licuadora, muela ajo y sal hasta formar una pasta, añada los chiles ya suavizados, jitomates asados y tomates asados, muela hasta formar una salsa muy martajada, añada las tiras de nopal, mezcle, rectifique punto de sal, reserve.

*Grind the salsa in a food processor, blender, or molcajete

* Puede moler en molcajete, licuadora o procesador de comida

MORITA SALSA
Salsa de chile morita

Ingredients

- 2 cups water
- 4 morita chiles
- 2oz white onion, chopped
- 1 garlic clove
- 1 tablespoon cilantro leaves, finely chopped
- 1 ½ teaspoon salt
- 2 tomatillos (½ oz)
- 1 pound roasted ripe tomatoes

Ingredientes

- 4 Chiles morita.
- ½ Kilogramo de jitomate maduro bien asados.
- 2 Tomatillos.
- 50 Gramos de cebolla blanca.
- 1 Diente de ajo.
- 1 Cucharada de hojas de cilantro finamente picadas.
- 1 ½ Cucharadita de sal.

Directions

Heat the water over a medium heat. When it comes to the boil, add the chiles. Cook for 10 minutes or until soft. Remove from the heat, drain and set aside.

In a molcajete or blender, grind the onion, garlic and coriander into a paste.

Add the tomatoes and the tomatillos and grind until the mixture is coarsely puréed. Season to taste with salt then set side.

Procedimiento

Caliente 2 tazas de agua a fuego medio hasta hervir, retire del fuego, añada los chiles, deje remojar unos 15 minutos o hasta que queden muy suaves, escurra, muela los chiles en un molcajete o licuadora, añada el resto de los ingredientes y muela hasta formar una salsa muy martajada, rectifique punto de sal, reserve.

*Grind the salsa in a food processor, blender, or molcajete

* Puede moler en molcajete, licuadora o procesador de comida

PASILLA SALSA
Salsa de chile pasilla

Ingredients

- 4 oz roasted pasilla chile, deveined, seeded and soaked
- 1 oz roasted white onion
- 2 garlic cloves
- 1 pound roasted tomatillos
- ¼ cup pulque
- 4 tablespoons cilantro, finely chopped
- 1 teaspoon salt
- ½ teaspoon freshly ground black pepper

Ingredientes

- 120 Gramos de chile pasilla asado, desvenado, ni semillas, remojados. (4 onzas)
- 30 Gramos de cebolla blanca asada. (1 onza)
- 2 Dientes de ajo pelado.
- 500 Gramos de tomatillo asado (1 libra).
- ¼ Taza de pulque natural.
- 4 Cucharadas de hojas de cilantro finamente picadas.
- 1 Cucharadita de sal.
- ½ Cucharadita de pimienta negra recién molida.

Directions

Put the chile, onion, garlic and the tomatillos in a molcajete or blender and grind until the mixture is smooth.

Add the tomatoes and grind again until coarsely puréed.

Add the pulque, cilantro, salt and pepper. Season to taste with salt then set aside.

Serve in a sauce boat at room temperature.

Procedimiento

Muela en el molcajete o licuadora los chiles, cebolla, ajo, el tomate hasta obtener una pasta homogenea, añada los tomatillos, muela nuevamente hasta hacer una salsa martajada, añada pulque, cilantro, sal y pimienta, mezcle, rectifique punto de sal, reserve.

*Grind the salsa in a food processor, blender, or molcajete

* Puede moler en molcajete, licuadora o procesador de comida

33

PIQUIN & PULQUE SALSA
Salsa de chile piquín con pulque

Ingredients

- 9 oz greentomatillo (Milpero), well roasted
- 1oz white onion, well roasted and chopped
- 1 clove garlic, roasted in its skin, peeled and finely chopped
- 1 tsp dried Piquín chile, lightly fried
- 1 cup pulque

Ingredientes

- ¼ Kilogramo de tomatillo milpero sin cáscara, bien asado.
- 30 Gramos de cebolla blanca bien asada, picada.
- 1 Diente de ajo asado en su piel, pelado, finamente picado.
- 1 Cucharadita de chiles piquín secos, ligeramente fritos.
- ¼ Taza de pulque.

Directions

In a molcajete or blender, grind the fried chile with salt until roughly puréed. Add the pulque and mix until perfectly blended. Add salt to taste and set aside.

Serve at room temperature in a sauce boat decorated with the piquín chiles.

Procedimiento

En un molcajete o licuadora, muela los chiles fritos con sal, añada ajo, muela hasta formar una pasta fina, agregue el miltomate, muela hasta obtener una salsa martajada, añada pulque, mezcle hasta incorporar todo perfectamente, rectifique punto de sal, reserve.

Sirva a temperatura ambiente en una salsera, decore encima con chiles piquín secos y fritos.

*Grind the salsa in a food processor, blender, or molcajete

* Puede moler en molcajete, licuadora o procesador de comida

GUAJILLO & TOMATO SALSA
Salsa de chile guajillo

Ingredients

- 3 cups water
- 6 guajillo chiles, stemmed, deveined and seeded
- 1 cup water
- 1 roasted garlic clove, peeled
- 1 oz roasted white onion
- 1 teaspoon salt
- 9 oz roasted tomatillos

Directions

Boil the water. Remove from heat. Place the chiles in the boiling water and leave to soak for 15-20 minutes or until soft. If necessary return to heat until soft. Drain and blend the chiles with a cup of water until the mixture is smooth and doesn't need straining.

In a molcajete or blender grind the garlic, onion and salt to form a paste. Add the tomatillos and grind until the mixture is coarsely puréed. Add the blended chiles and mix well. Season to taste with salt then set aside.

Serve in a sauce boat at room temperature.

Ingredientes

- 3 Tazas de agua.
- 6 Chiles guajillos sin rabo, venas ni semillas.
- 1 Taza de agua.
- 1 Diente de ajo asado en su piel, pelado.
- 30 Gramos de cebolla blanca asada. (1 onza)
- 1 Cucharadita de sal.
- 250 Gramos de tomatillos, bien asados. (½ libra).

Procedimiento

Caliente 3 tazas de agua en una olla a fuego medio, deje hervir, retire del fuego, coloque los chiles en el agua caliente, deje remojar unos 15 a 20 minutos o hasta que queden suaves, de ser necesario regrese al fuego con todo y los chiles para facilitar al moler, escurra los chiles, licue con una taza de agua hasta formar una salsa muy tersa que no sea necesario colar.

En un molcajete o liquadora muela el ajo, cebolla y sal hasta formar una pasta, añada los tomatillos, muela hasta hacer una salsa marta-jada, añada lo licuado, mezcle hasta incorporar perfectamente, rectifique punto de sal, reserve.

*Grind the salsa in a food processor, blender, or molcajete

* Puede moler en molcajete, licuadora o procesador de comida

PLAZA SALSA
Salsa de plaza

Ingredients

- ½ ripe tomatoes
- 1 ¾ oz white onions
- 4 Serrano chiles, destalked
- 1sp sugar cane vinegar
- 1tsp sugar
- 1 ¼ tsp salt
- 1oz white onion, chopped
- 1/2 tsp dried oregano, freshly ground

Directions

In a saucepan, put the tomatoes, onion and chiles and cover with water. Cook over medium heat for about 5 minutes or until soft. Remove from heat and drain. Grind in a molcajete or blender together with the vinegar, salt and sugar until roughly puréed. Add the chopped onion and oregano and mix. Add salt to taste and set aside.

Serve at room temperature in a sauce boat.

Ingredientes

- ½ Kilogramo de jitomate maduro.
- 50 Gramos de cebolla blanca.
- 4 Chiles Serrano verdes, sin rabo.
- 1 Cucharada de vinagre de caña.
- ½ Cucharadita de azúcar.
- 1 ¼ Cucharadita de sal.
- 30 Gramos de cebolla blanca picada.
- ½ Cucharadita de orégano seco recién molido.

Procedimiento

Coloque en una olla los jitomates, cebolla y chiles cubra con agua, ponga a fuego medio por unos 5 minutos a partir de que hierva o hasta que todo quede suave, retire del fuego, escurra, muela en un molcajete o liciadora junto con el vinagre, azúcar y sal hasta obtener una salsa muy martajada, añada la cebolla picada y oregano,
mezcle, rectifique punto de sal, reserve.

*Grind the salsa in a food processor, blender, or molcajete

* Puede moler en molcajete, licuadora o procesador de comida

TOMATILLO & DRIED CHIPOTLE SALSA
Salsa de tomatillo y chipotle seco

Ingredients

- 17 oz tomatillos, dehusked
- 8 dried chipotle chiles, destalked and deseeded, roasted
- 2 cloves garlic roasted in their skins, peeled
- 1 ¼ tsp salt

Directions

In a molcajete or blender, finely grind the roasted chipotle chiles with the salt and garlic into a fine paste. Add the tomatillos and grind until coarsely puréed. Add salt to taste and set aside.

Serve at room temperature in a sauce boat.

Ingredientes

- ½ Kilogramo de tomatillo sin cáscara.
- 8 Chipotles secos sin rabo ni semillas asados.
- 2 Dientes de ajo asados en su piel, pelados.
- 1 ¼ Cucharadita de sal.

Procedimiento

En un molcajete o licuadora muela perfectamente los chiles chipotle asados con la sal y ajo hasta obtener una pasta fina, añada los tomatillos, muela hasta obtener una salsa martajada, rectifique punto de sal, reserve.

*Grind the salsa in a food processor, blender, or molcajete

* Puede moler en molcajete, licuadora o procesador de comida

41

TOMATILLO & ROOT BEER PLANT SALSA
Salsa de tomatillo y hoja santa

Ingredients

- 2 roasted garlic cloves, peeled
- 1 teaspoon salt
- ½ teaspoon hoja santa (root beer plant), finely chopped
- 4 roasted green serrano chiles
- 1 pound broiled tomatillos, peeled

Directions

In a molcajete or blender grind the garlic, salt and hoja santa into a fine paste.

Add the chiles and tomatillos and grind until the mixture is coarsely puréed.

Season to taste with salt then set aside.

Serve in a sauce boat at room temperature.

Ingredientes

- 2 Dientes de ajo asados en su piel, pelados.
- 1 Cucharadita de sal.
- ½ Cucharadita de hoja santa finamente picada.
- 4 Chiles serranos verdes asados.
- ½ Kilogramo de tomatillo sin cáscara, bien asados. (1 libra)

Procedimiento

En un molcajete o licuadora muela ajo, sal y hoja santa hasta formar una pasta fina, agregue los chiles serranso y los tomatillos asados, muela hasta obtener una salsa martajada, rectifique punto de sal, reserve.

*Grind the salsa in a food processor, blender, or molcajete

* Puede moler en molcajete, licuadora o procesador de comida

CHILE MOLCAJETEADO WITH XOCONOSTLE

Chile molcajeteado con xoconostle

Ingredients

- 6 green serrano chiles, destalked
- 9 oz. peeled tomatoes
- 6 Xoconostle finely chopped roasted in their skins, peeled
- 1oz white onion, chopped
- 1 garlic clove, peeled
- 2 sp cilantro leaves, finely chopped
- ½ tsp salt

Ingredientes

- 6 Chiles serranos verdes sin rabo.
- 250 Gramos de tomate sin cascara.
- 6 Xoconostles asados en su piel, pelados y picados finamente.
- 30 Gramos de cebolla blanca picada.
- 1 Diente de ajo pelado.
- 2 Cucharadas de hojas de cilantro finamente picadas.
- ½ Cucharadita de sal.

Directions

Put the tomatoes and chiles in a saucepan and cover with water. Heat water and bring to the boil. Cook over medium heat for 15 minutes or until soft. Remove from heat, drain the tomatoes and chiles and then set aside.

In a molcajete or blender, grind the garlic into a paste. Then add the tomatoes and chiles and grind until coarsely puréed. Add the rest of the ingredients and mix until the mixture has an even consistency. Add salt to taste.

Serve at room temperature in a sauce boat.

Procedimiento

Coloque los tomates y chiles en una olla con agua a cubrir, ponga a fuego medio, deje cocer unos 15 minutos a partir de que hierva el agua o hasta que todo quede bien cocido, retire del fuego, escurra los tomates y chiles serranos, reserve.

En un molcajete on licuadora muela el ajo hasta formar una pasta, añada los tomates y chiles, muela hasta formar una salsa martajada, añada el resto de los ingredientes, incorpore todo perfectamente hasta lograr una mezcla homogénea, rectifique punto de sal.

*Grind the salsa in a food processor, blender, or molcajete

* Puede moler en molcajete, licuadora o procesador de comida

FRIED SALSA
Salsa frita con chile de árbol

Ingredients

- 2 tablespoon sunflower oil
- 8 árbol chiles
- 2 oz white onion, finely chopped
- 1 pound ripe tomatoes, chopped
- 1 teaspoon salt

Ingredientes

- 2 Cucharadas de aceite vegetal.
- 8 Chiles de árbol frescos sin rabo, finamente picados.
- 60 Gramos de cebolla finamente picada (2 onzas).
- 500 Gramos de jitomate maduro finamente picados. (1 libra)
- 1 ½ Cucharadita de sal.

Directions

In a saucepan preheat the oil over a medium heat and then fry the chiles, onion and tomatoes.

Cook for 15 minutes or until they lose their raw taste and set aside.

Grind the ingredients until the mixture is smooth.

Season to taste with salt.

Serve in a sauce boat at room temperature.

Procedimiento

Caliente el aceite en un sartén a fuego medio, añada los chiles y cebolla, deje freír hasta que quede transparente la cebolla, añada el jitomate, agua y sal, deje hervir unos 10 minutos o hasta que pierda sabor a crudo, rectifique punto de sal, retire del fuego y machaque o muela.

Sirva caliente o a temperatura ambiente en una salsera.

*Grind the salsa in a food processor, blender, or molcajete

* Puede moler en molcajete, licuadora o procesador de comida

COARSE SALSA
Salsa martajada

Ingredients

- 1 pound roasted beefsteak tomatoes, finely chopped
- 2oz white onion, finely chopped
- 6 roasted serrano chiles, stemmed and finely chopped,
- 5 tablespoons extra virgin olive oil
- 2 roasted garlic cloves, peeled
- 1 ¼ teaspoon salt

Directions

Mix the ingredients together in a bowl to form a thick sauce. Leave for 10 minutes and then mix again. Season to taste with salt then set aside.

Ingredientes

- ½ Kilogramo de jitomate bola bien asado, finamente picados. (1 libra)
- 60 Gramos de cebolla blanca bien asada, finamente picada. (2 onzas)
- 6 Chiles serrano sin rabo asados, finamente picados.
- 5 Cucharadas de aceite de oliva extravirgen.
- 2 Dientes de ajo asados en su piel, pelados, finamente picados.
- 1 ¼ Cucharada de sal.

Procedimiento

Mezcle todos los ingredientes en un tazón hasta lograr una salsa espesa, deje reposar unos 20 minutos, mezcle nuevamente, rectifique punto de sal.

*Grind the salsa in a food processor, blender, or molcajete

* Puede moler en molcajete, licuadora o procesador de comida

MEXIQUENSE SALSA
Salsa Mexiquense de chipotle

Ingredients

- 3 dried chipotle chiles, roasted
- 1 oz white onion, thinly sliced
- 2 garlic cloves, peeled
- ¼ cup peanuts, peeled and chopped
- ½ pound ripe tomatoes
- ¼ teaspoon freshly ground cinnamon
- ⅛ teaspoon freshly ground clove.
- ¼ teaspoon freshly ground marjoram.
- 1 tablespoon olive oil
- ½ teaspoon salt
- ½ tablespoon lemon juice

Ingredientes

- 3 Chiles chipotles secos, asados.
- 30 Gramos de cebolla blanca en rebanadas delgadas. (1 onza)
- 2 Dientes de ajo pelados.
- ¼ Taza de cacahuates pelados, picados.
- 250 Gramos de jitomate maduro. (1/2 libra)
- ¼ Cucharadita de canela recién molida.
- ⅛ Cucharadita de clavo recién molido.
- ¼ Cucharadita de mejorana seca, recién molida.
- 1 Cucharada de aceite de oliva.
- ½ Cucharadita de sal.
- ½ Cucharada de jugo de limón.

Directions

Place the chiles in a bowl and cover with water. Leave to soften for 15 minutes.

Remove stems and seeds. Grind the chiles in a molcajete with ½ cup of water, the onion, garlic and peanuts into a smooth paste. Add the tomatoes and the rest of the ingredients and grind until the mixture is coarsely puréed. Season to taste with salt then set aside.

Serve in a sauce boat at room temperature.

Procedimiento

Remoje los chiles chipotle en un contenedor con agua caliente y cubra, por unos 15 minutos o hasta que queden suaves, retire las semillas, rabos, muela en un molcajete con ½ taza de agua, cebolla, ajo y cacahuates, muela hasta formar una pasta tersa, agregue los jitomates y el resto de los ingredientes, muela hasta formar una salsa martajada, rectifique punto de sal, reserve.

*Grind the salsa in a food processor, blender, or molcajete

* Puede moler en molcajete, licuadora o procesador de comida

NUEVO LEON BLACK SALSA

Salsa negra de Nuevo León

Ingredients

- ½ pound well roasted (almost blackened) tomatillos Milpero
- 1oz well roasted (almost blackened) white onion
- 1 well roasted (almost blackened) garlic clove
- 8 roasted piquín chiles
- 1/2 teaspoon salt

Directions

Grind all the ingredients in a molcajete or blender until the mixture is coarsely puréed.

Season to taste with salt then set aside.

Serve in a sauce boat at room temperature.

Ingredientes

- ¼ Kilogramo de tomatillo Milpero bien asado, casi negros. (1/2 libra)
- 30 Gramos de cebolla blanca bien asada, casi negra.
- 1 Diente de ajo pelado bien asado, casi negro.
- 8 Chiles piquín frescos asados.
- ½ Cucharadita de sal.

Procedimiento

Muela perfectamente todos los ingredientes en un molcajete o licuadora hasta obtener una salsa martajada, rectifique punto de sal, reserve.

Sirva en una salsera a temperatura ambiente.

*Grind the salsa in a food procéssor, blender, or molcajete

* Puede moler en molcajete, licuadora o procesador de comida

TATEMADA SALSA
Salsa tatemada

Ingredients

- 6 roasted morita chiles, stemmed, deveined and seeded
- 2 oz well roasted (almost blackened) white onion
- 1 ¼ teaspoon salt
- ½ teaspoon sugar
- 1 pound roasted tomatoes, peeled
- ½ cup water

Directions

Put the chiles in a saucepan and cover with water. Boil for 10 minutes on medium heat until soft. Remove from heat and drain.

Grind the onion, chiles salt and sugar into a fine paste. Add the tomatoes and water and grind again until the mixture is coarsely puréed. Season to taste with salt then set aside

Serve in a sauce boat at room temperature.

Ingredientes

- 6 Chiles morita, sin rabo, venas ni semillas, asados.
- 60 Gramos de cebolla blanca bien asada (2 onzas).
- 1 ¼ Cucharadita de sal.
- ½ Cucharadita de azúcar.
- ½ Kilogramo de tomatillo sin cáscara bien asados.
- ½ Taza de agua.

Procedimiento

Ponga los chiles morita en una olla con agua a cubrir a fuego medio por unos 10 minutos a partir de que hierva o hasta que queden suaves, retire del fuego, escurra.

Muela en un molcajete o licuadorala cebolla, chiles morita, sal y azúcar hasta formar una pasta fina, añada los tomatillos y agua, muela nuevamente hasta obtener una salsa martajada, rectifique punto de sal, reserve.

*Grind the salsa in a food processor, blender, or molcajete

* Puede moler en molcajete, licuadora o procesador de comida

GREEN SALSA WITH AVOCADO

Salsa verde con aguacate

Ingredients

- 6 chopped serrano chiles, stemmed
- 2 tablespoons cilantro leaves, chopped
- 1 garlic clove
- 1 teaspoon salt
- 1 pound tomatillos, peeled
- 17 oz avocado, peeled and pitted

Directions

In a molcajete or blender grind the chiles, cilantro, garlic and salt into a fine paste. Add the tomato and avocado and grind until the mixture is coarsely puréed. Season to taste with salt.

Ingredientes

- 6 Chiles serranos verdes sin rabo.
- 2 Cucharadas de hojas de cilantro picadas.
- 1 Diente de ajo pelado.
- 1 ½ Cucharadita de sal.
- 500 Gramos de tomatillo sin cáscara. (1 libra)
- 1 Aguacate grande de unos 200 gramos pelado y sin semilla. (7 onzas)

Procedimiento

Muela en un molcajete o licuadora el chile serrano, cilantro, ajo, y sal hasta formar una pasta fina añadael tomatillo, aguacate y muela nuevamente hasta formar una salsa martajada, rectifique punto de sal.

*Grind the salsa in a food processor, blender, or molcajete

* Puede moler en molcajete, licuadora o procesador de comida

GREEN SALSA
Salsa verde

Ingredients

- 1 garlic clove, peeled
- 2 oz fresh green serrano chile, well roasted and stemmed
- 1 oz white onion
- 1 ¼ teaspoon salt
- 1 pound well roasted tomatoes, peeled
- 2 teaspoons cilantro leaves, finely chopped
- 2 teaspoons mint leaves, finely chopped

Ingredientes

- 1 Diente de ajo pelado.
- 60 Gramos de chile serrano verde fresco, sin rabo, bien asado. (2 onzas)
- 30 Gramos de cebolla blanca en trozo. (1 onza)
- 1 ¼ Cucharaditas de sal.
- ½ Kilogramo de tomate sin cáscara, bien asados. (1 libra)
- 2 Cucharaditas de hojas de cilantro finamente picadas.
- 2 Cucharaditas de hojas de hierbabuena finamente picadas.

Directions

Grind the garlic, onion and salt in the molcajete or blender into a paste, add the tomatoes. Grind until the mixture is coarsely puréed or to taste. Add the cilantro and hierbabuena. Mix then season to taste with salt.

Serve in a sauce boat at room temperature.

This sauce can be kept in a refrigerator for three days.

Procedimiento

Muela el ajo, los chiles, cebolla, y la sal en un molcajete o licuadora, hasta formar una pasta, añada los tomates asados, muela todo hasta formar una salsa martajada o tan molida como quiera, añada las hojas de cilantro y hierbabuena picadas, mezcle, rectifique punto de sal.

*Grind the salsa in a food processor, blender, or molcajete

* Puede moler en molcajete, licuadora o procesador de comida

YUCATECA SALSA
Salsa yucateca

Ingredients

- ½ cup pumpkin seeds, toasted
- 1 lb tomatoes, roasted and peeled
- 2 tbsp white onion, finely chopped
- 1 habanero chile, roasted, deveined and chopped
- 3 tbsp cilantro, finely chopped
- ¼ cup Seville orange juice or water
- 1 tsp salt

Directions

In a molcajete or blender, grind the toasted pumpkin seeds with the salt.

Add, grind and mix the tomatoes, onion and cilantro.

Add and mix the strained orange juice or water to the desired consistency.

Ingredientes

- ½ taza de pepitas de calabaza tostadas
- 450 gramos de jitomate asados y pelados
- 2 cdas soperas de cebolla blanca picada finamente
- 1 chile habanero asado desvenado y picado
- 3 cdas soperas de cilantro picado finamente
- ¼ de taza de jugo de naranja agria o agua
- 1 cdita de sal

Procedimiento

En un molcajete o licuadora se muele la pepita tostada con la sal.

Se agrega moliendo los jitomates, la cebolla, el chile y el cilantro.

Se incorpora el jugo de naranaja colado o el agua, hasta obtener la consistencia deseada.

*Grind the salsa in a food processor, blender, or molcajete

* Puede moler en molcajete, licuadora o procesador de comida

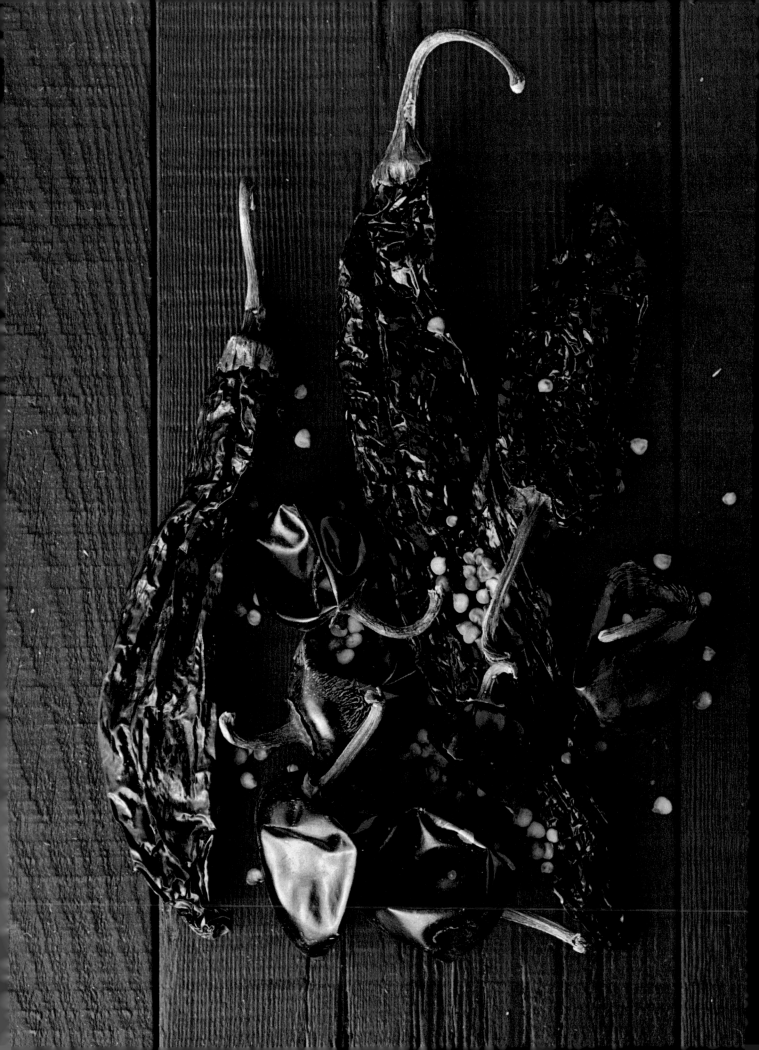

CHILE GLOSSARY
Glosario de chiles

The Mexican pepper

"Those who sell Axi, which is the pepper of this land... There are those which are long or broad; and those which aren't as big, which are small, green and dry, those of summer and summertime, and all those which are grown at different heights, as well as those which are picked after being touched by the ice..." The General History of the Things of New Spain by Friar Bernardino de Sahagún

Friar Bernardino de Sahagún did well when he described the flavor and taste of chile as the "the pepper of this land". It is this millennial fruit of the earth in all its sizes, colors and intensities of hot flavor, which is responsible for the seasoning of any meal worthy of being called Mexican. It can be sweet, salty or sour; it can be hot or cold; it can be mixed with any dish, however simple or complicated it may be. The combination is never a problem, as the chile in all its varieties is the most combinable, succulent and unique of all produce. It is the most important ingredient in all good Mexican cooking, it is the flavor in the stock, and it belongs to us and all those who have enough courage to taste it.

Chiles, la pimienta de México

"Los que venden Axi, que es la pimienta de esta tierra... Como lo son largos o anchos; y los que no son tales y grandes, son menudos, verdes y secos, los que son del verano y del estío , y todos los que se hacen en diversos pies, y los que se cogen después de tocados del yelo"... Historia General de las Cosas de Nueva España de Fray Bernardino de Sahagún

Bien hizo Fray Bernardino de Sahagún al llamar el sabor y sazón del chile como "la pimienta de esta tierra", pues es este milenario fruto en todos sus tamaños, colores e intensidades de picante sabor, el responsable de aderezar cualquier comida que se precie de ser mexicana. Puede ser dulce, salado y agrio; puede ser caliente o frío; es capaz de mezclarse entre cualquier platillo, por más sencillo o exótico que este pueda ser; la combinación nunca será un problema para él, pues es el chile y sus variedades, el fruto mejor combinable, suculento y único, es el protagonista de una buena mesa mexicana, es el sabor del caldo, es nuestro y es de todo aquel que tenga el valor de llevarlo hasta su boca.

Serrano:

The Serrano comes from the mountainous regions of the states of Puebla, Hidalgo and Mexico, although it is also called the green chile. With its smooth shiny skin, it has thick walls and is crunchy when bitten or cut. Usually, this chile is consumed before it becomes ripe, that is to say when it is green. When it ripens it turns red, although there is no major change to its flavor. It can be easily stored in the refrigerator for more than 10 days, although freezing is not recommended.

Serrano:

Como su nombre lo dice, el Serrano es oriundo de las zonas montañosas, viene de los estados de Puebla, Hidalgo y México, aunque también es llamado chile verde, de piel suave, brillante y de paredes gruesas y crujientes al morder o cortar. La mayor parte de las veces, este chile se consume inmaduro, es decir, de color verde. Al madurar se vuelve rojo, aunque su sabor no cambia sustancialmente. Se conserva fácilmente en el refrigerador por más de 10 días, no se recomienda congelar.

Chipotle:

Its name comes from the Náhuatl language where it is called chilpoctli or xipoctli, which means smoked chile, owing to the characteristics of its color and texture. The chipotle is a variety of jalapeño, although it turns into a completely different chile after it has been left to ripen and dry until it becomes an authentic chipotle, a very aromatic brown dried chile. Chipotles can be bought in cans or lose by weight, although sometimes they can be bought freshly prepared, usually in adobo sauce seasoned with tomato, onion and powdered brown sugar.

Chile de árbol:

Although it is called the tree chile in Spanish, there isn't a big tree which produces chiles; it is the fruit of a bigger than average bush compared to others which produce other varieties, hence its name. In some parts of Mexico it is known as pico de pájaro (bird's beak). During pre-Colombian times this chile with its characteristic long thin shape was already being grown. It is green when fresh, red when ripe and bright red when dried. It can be consumed fresh, although it is generally consumed when it has been dried.

Pasilla chile:

The pasilla has various names, it is also known as the chile negro, and when fresh and green it is called the chilaca pepper. It is long in shape and when dried it has a darker, almost black, color. Its skin is bright and wrinkled like a little raisin, from where it is said to have got its name in Spanish. The states of Guanajuato, Aguascalientes, Zactecas and Jalisco are the principal producers of this chile used especially for red chile salsas.

Chipotle:

Su nombre viene de la lengua Náhuatl, en donde se le llama como chilpoctli o xipoctli, cuyo significado es chile ahumado, debido a las características de su color y textura. El chipotle es una variedad del Jalapeño, aunque se convierta en otro chile completamente distinto después de haberse dejado madurar y secar hasta convertirse en un autentico Chipotle, un chile de color marrón seco y muy aromático. Los chipotles se pueden comprar adobados en lata o a granel secos, aunque en ocasiones también se pueden conseguir recién preparados, usualmente en adobo aderezado con jitomate, cebolla y piloncillo.

Chile de árbol:

No es que exista un gran árbol que da chiles, sino que este fruto se da en un arbusto un poco más alto que el promedio de la planta en la que nacen otras variedades, es por ello que se le llama "de árbol", aunque en algunas regiones de México también se le conoce como pico de pájaro. Durante la época prehispánica ya se cultivaba este chile, característico por sus frutos largos y delgados. Fresco es de color verde, rojo al madurar y seco es rojo brillante. Se puede consumir fresco aunque generalmente se consume cuando ya se secó.

Chile pasilla:

El pasilla posee varios nombres, pues también es conocido como chile negro, y en su forma fresca y verde se le llama chilaca. Es alargado y cuando está seco su color es muy oscuro, casi negruzco. Su piel es brillante y arrugada como la de la uva hecha pasa, de ahí se dice que deriva su nombre, pasilla. Guanajuato, Aguascalientes, Zacatecas y Jalisco son los principales productores de este chile especialmente usado para los adobos.

Habanero:

"The King of Chiles", the Habanero or the Chinese is considered to be Mexico's hottest chile, and was recognized by the Guinness Book of World Records as being the hottest in the world until the arrival of the Naga Jolokia in 2007. Although in Cuba it is not a common cooking ingredient, it takes its name from the island, from where it is believed to come. Its color changes as it ripens, although it is most commonly yellow when it is semi-ripe or orange when mature. Its intense flavor is due to the high concentration of capsaicin, which is sometimes used for medicinal purposes as well as an aphrodisiac. Similar in shape to a small horn, the Habanero has held the "Habanero Chile of the Yucatan Peninsula" designation of origin since 2010.

Habanero:

"El rey de los chiles", pues es el habanero o chinense considerado como el más picante de los chiles de México, y hasta el 2007 fue habitante del trono en el libro del récord Guinness como el más picoso del mundo, hasta la llegada de Naga Jolokia. Aunque en Cuba el chile no es un ingrediente común, este fruto debe su nombre a la isla, de donde se cree que llegó esta variedad, cuyo color se da de acuerdo a la madurez, aunque las tonalidades más comunes son las amarillas (semi-maduros) o anaranjados cuando ya están en su punto. Su sabor fuerte se debe a la alta concentración de capsicina, que en algunos momentos es también utilizada con fines medicinales, e incluso afrodisiacos. Parecido a un pequeño trompo, el habanero posee desde el 2010 su denominación de origen como "chile habanero de la península de Yucatán".

Cuaresmeño or Jalapeño:

Also known as the gordo, this chile is one of those with most names and variations, in the past it was known as cuaresmeño due to the fact that it was only consumed during la cuaresma, Lent in Spanish. The name jalapeño comes from its principal center of production in the Mexican city of Xalapa, Veracruz. The jalapeño, green and red when ripe, is fat with smooth shiny skin. It is the most widely produced chile in Latin America in its various forms: raw, canned in vinegar or escabeche sauce, or dried it becomes the traditional chipotle.

Cuaresmeño o Jalapeño:

También llamado gordo, este chile es uno de los que más nombres y variaciones posee, pues en el pasado se le llamó cuaresmeño, debido a que sólo se daba en época de Cuaresma, aunque su nombre de jalapeño viene de que su principal centro de producción es la ciudad mexicana de Xalapa, Veracruz. El jalapeño, verde y rojo al madurar es un chile de aspecto regordete, piel brillante y lisa, es el chile con mayor producción en América Latina para sus diversas variantes: crudo, en vinagre o escabeche enlatado o después de su proceso de secado para convertirse en el tradicional chipotle.

Guajillo Chile:

The guajillo is in reality the mirasol chile, but in its dried form, and is today one of the most popular chiles in Mexican cuisine. Its skin is tight and shiny and it is an intense green color before ripening, darkish red when ripe and dark red when

Chile Guajillo:

El guajillo es en realidad el chile Mirasol, pero en estado seco, es hoy, uno de los chiles más populares en la cocina mexicana, su piel es tersa y brillante y sus colores son verde intenso antes de llegar a la madurez, rojo semi-oscuro al

dehydrated or dried. Aromatic and fleshy, it is used in all kind of stews, moles, salsas and hot sauces. The hotness of the guajillo depends on its size, when small it is hotter and is also known as the puya. When it has matured the intensity of the hotness diminishes.

madurar y rojo oscuro en estado deshidratado o seco. Aromático y carnoso, se emplea en todo tipo de guisos, moles, adobos y salsas. Lo picante del guajillo depende de su tamaño, pues mientras más pequeño sea es más picoso y es llamado también puya, cuando el chile ha crecido, la intensidad de su picor disminuye.

Piquín:

Is the smallest of all chiles, although that doesn't mean it isn't hot or doesn't burn the mouths of those who eat it. The piquín, although it rarely grows to more than ¾ inch long, is considered to be ten times hotter than the jalapeño. It is also known as the chile mashito, amash or chile de monte and comes from Tabasco, where these small green chiles are grown, which when ripe turn red and black.

Piquín:

Es el más pequeño de todos, aunque no por ello el más inofensivo a la hora de picar o enchilar a quien lo come, pues el piquín, aunque raramente excede los dos centímetros de longitud, es considerado diez veces más picante que el jalapeño. También llamado chile mashito, amash o chile de monte es originario de Tabasco, en donde se dan estos pequeños frutos en color verde que, al madurar se convierten en rojos y negros.

Morita chile:

The morita is a dried and smoked chile, which is normally red with a shiny skin that wrinkles as it dries and takes on a color similar to that of the mulberry. On average it is 1 1/3 inches long and ¾ inch across and, like the chipotle, is obtained from a small variety of the jalapeño. It is hot and slightly sweet.

Chile Morita:

El Morita es un chile seco y ahumado, que en un estado medio es rojo, de cáscara muy brillante y que conforme va secándose su piel se arruga y se torna en un color similar al de la mora. Mide en promedio tres centímetros de largo y dos de ancho, y al igual que el chipotle, se obtiene de una variedad pequeña del jalapeño, es picante y un poco dulce.

Ancho chile:

The famous poblano chile, which when dried becomes dark and flexible and is better known as the ancho chile. It has a low capsaicin content, which makes it one of the less spicy chiles, and is why it is one of the favorite chiles for cooking some of the most typical dishes of Mexican cuisine, such as rajas, stuffed chiles and chiles in nogada.

Chile Ancho:

El famoso chile poblano o para rellenar, que en su estado seco se vuelve obscuro y flexible y es mejor conocido como chile ancho. El ancho posee un bajo contenido de capsaicina, por lo que lo hace una variedad no muy picante, por lo que resulta uno de los chiles favoritos para guisar algunos de los platillos más representativos de la cocina mexicana, como las rajas, los chiles rellenos y los chiles en nogada.

Mulato chile:

The dried poblano seco chile produces two varieties, the mulato chile and the ancho chile. The difference between them is genetic and they can be distinguished by their color and flavor. The ancho chile is red against the light, and the mulato is coffee colored. The mulato is one of the most important ingredients in the preparation of different kinds of moles, especially the poblano.

Chile Mulato:

El chile poblano seco produce dos variedades. Se trata de los chiles mulatos y los chiles anchos. La diferencia entre ambos es de orden genético y se distinguen por su color y sabor. El chile ancho es rojizo a contraluz, y el mulato es café. El mulato es uno de los chiles más importantes para la preparación de los moles, especialmente para el poblano.

Chile Cascabel:

Este pequeño y suculento chile es una pequeña manzana picante a la que también se le conoce como campanilla o bola, se trata del chile manzano que, al secarse al sol cambia de nombre a cascabel, pues las semillas secas sobre la dura piel de este fruto producen un ruido similar al de un cascabel o una maraca. Es un chile con grado de picor medio, no muy picante, pero tampoco inofensivo al paladar.

Cascabel chile:

This small and succulent chile is like a small spicy apple which is also known as campanilla or bola. It is produced from the manzano chile, which when dried is called the cascabel, due to the sound that the seeds make on its hard skin, which is similar to that of a cascabel (little bell in Spanish) or maracas. It is a medium-hot chile, not very hot, but not tasteless to the palate.

Chilaca chile:

The chilaca is green when fresh, although it is better known in its dried form as the pasilla chile it is a long and hot chile and in some regions is known as a chile for shredding.

Chilacas:

Las chilacas son a veces más conocidas en su versión seca, como chile pasilla, que en su estado fresco y verde se le llama chilaca. Se trata de un chile largo y picante al que en algunas regiones le llaman chile para deshebrar.

Manzano chile:

Small and fat, the manzano is a chile very similar to the habanero, which has a similar hotness, although it has a less intense flavor. It is fresh and fleshy with a shiny skin and an

Chile Manzano:

Pequeño y regordete, el manzano es un chile muy parecido al habanero, incluso en su manera de picar, aunque su intensidad de sabor es menor. Es fresco y carnoso,

intense yellow color. It is the most popular chile in Michoacán cooking, where is known as the perón chile. In Veracruz it is the cera chile and in Oaxaca it is the canario chile because of its unmistakable canary yellow color. There are basically two types of manzano chile, one is green and has a yellowish color when ripe and the other is green and turns red when ripe, although experts say that the yellow ones have more flavor and are much hotter. When dried they become the famous cascabel chile.

de piel brillante en color amarillo intenso. En Michoacán es el chile más utilizado en su cocina, lo llaman chile perón; en Veracruz es el chile cera y en Oaxaca es el chile canario, por su inconfundible color amarillo. Básicamente existen dos tipos de este Chile, los que son verdes y maduran a tono amarillo y los que son verdes y tornan en rojo al madurar, aunque según dicen los expertos, los amarillos tienen mejor sabor y son mucho más picantes. Al secarse se convierten en el famoso chile cascabel.

Bell Pepper:

Maybe the least hot of all is the pimiento morrón, which has a lot of flavor, even though its hotness is minimal or non-existent on many occasions. It is also known as the pimiento choricero, bonete or hocico de buey. The varieties of pepper which we know today in red, green, yellow or orange colors are the product of recently achieved grafts. Its texture is soft, its flavor varies according to the ripening process and one of its principal characteristics is the fleshiness and hydration of its skin.

Pimiento Morrón:

Quizá el menos picante de todos, pues es el pimiento morrón, encargado de dar sabor, aunque su grado de picor sea mínimo o nulo en muchas ocasiones. También conocido como pimiento choricero, de bonete o de hocico de buey, las variedades de pimientos que hoy conocemos en colores rojo, verde, amarillo o anaranjado son producto de injertos logrados recientemente. Su textura es suave, su sabor dulce varía de acuerdo a la maduración y una de sus principales características es lo carnoso e hidratado de su cáscara.

Photo: Andrea Bricc

CHEFS BIO
Los Chefs

Chefs Jaime Martín Del Campo & Ramiro Arvizu

"Kings of Authentic Mexican Cuisine"

Throw together fresh ingredients, add a ton of tenacity, and top it off with a deep passion for authentic Mexican cuisine, and you've got the recipe that chefs Jaime and Ramiro use to satisfy food-lovers across the globe. Jaime and Ramiro are "the Kings of Authentic Mexican Cuisine" (Bobby Flay)

Jaime and Ramiro grew up in the Mexican state of Jalisco, where they were surrounded by rich aromas, authentic dishes and treasured family recipes. Today, they share their culinary knowledge on several national and international cooking shows and at their award-winning restaurant, La Casita Mexicana in Bell California and "Mexicano by Jaime and Ramiro" (Baldwin Hills, CA). One of the keys to their success is a focus on authenticity. Some recipes come from old family traditions. Others are based on their careful observance of regional Mexican gastronomy.

Their Cooking has captured the attention of food connoisseurs in the United States, including critics at AOL and the Los Angeles Times such as Jonathan Gold and Barbara Hansen and L.A. Weekly's Bill Esparza, (best Mexican restaurants in Los Angeles.) Travel Magazine (Top 10 Mexican Restaurants is the US). Top 5 Mexican restaurants in the US 2015 by the Food Network. Other critics have called their cooking "the best traditional Mexican cuisine in California anf the U.S.A."

"Los reyes de la auténtica cocina mexicana"

Si mezcla ingredientes frescos, agrega mucha tenacidad y decora con una gran pasión por la comida mexicana, obtendrá la receta que los chefs Jaime y Ramiro usan para satisfacer las preferencias de los amantes de la buena cocina en todo el mundo. Jaime y Ramiro son "Los reyes de la auténtica cocina mexicana" (Bobby Flay)

Jaime y Ramiro crecieron en el estado mexicano de Jalisco, rodeados de una rica variedad de aromas, platos auténticos y recetas familiares muy valiosas. Hoy comparten sus conocimientos culinarios en varios programas de cocina a nivel nacional e internacional y en su propio restaurante La Casita Mexicana en Bell, y Mexicano por Jaime y Ramiro en Baldwin Hills, ambos en California.

Los chefs han captado la atención de los conocedores culinarios en Estados Unidos, incluyendo a los críticos de AOL y a Los Angeles Times como Jonathan Gold y Barbara Hansen y Bill Esparza de L.A. Weekly, lo calificaron como uno de los mejores restaurantes mexicanos en Los Ángeles. Fueron "Top 5 Mexican restaurants in the US 2015 con el Food Network. Otros críticos consideran su cocina como "la mejor cocina mexicana tradicional de California y de Estados Unidos".

Su éxito les ganó una nominación al premio James Beard (conocido como los premios Oscar de la cocina), la distinción más alta

Their success earned them a James Beard Award nomination (known as "The Oscars of Food"), the highest accolade for chefs.

Best of all, Jaime and Ramiro share their creations not only on the dinner plate, but also in the home, as both are regular hosts and guests on several TV cooking shows, including the Food Network's "Throwdown with Bobby Flay," Jamie Oliver's "The Naked Chef," NBC's "Today Show," Univision's "Primera Edición," and "Despierta América,", Participation in Cutthroat Kitchen with Elton Brown as judges (Food Network) and Telemundo's "Top Chef", as judges of the competition, among others.

The chefs have participated in projects like "Healthy for Life," a program designed by the health network of St. Joseph's hospitals; ConAgra's cooking demos in a chain of Superstores, Featured Chefs' presentation at the OC Fair, Chase Sapphire national advertising campaign, cooking demos for Target, and La Opinion's collections of Recipe Magazines.

All this activity earned them the listing on CNN's "Top 100 Most Influential Latinos in the USA" when it comes to gastronomy.

Jaime and Ramiro also have collaborated on various cookbooks, including "Riqueza Mexicana: Recetario de Autentica Comida Mexicana."

para un chef.

Una de las claves de su éxito es el énfasis en lo auténtico. Algunas recetas provienen de viejas tradiciones familiares. Otro de sus secretos para el éxito es un respeto muy cuidadoso por la gastronomía regional mexicana. Pero lo mejor de todo, es que Jaime y Ramiro no sólo comparten sus creaciones de platillos, sino que también lo hacen en casa, ya que ambos son invitados regulares en varios programas de cocina por televisión, como "Throwdown with Bobby Flay" de Food Network, el show de Jamie Oliver "The Naked Chef", "Today Show" de NBC, "Primera Edición" y "Despierta América" de Univisión, y "Top Chef" de Telemundo como jueces de la competencia.

Los chefs han participado en proyectos como "Healthy for Life", un programa diseñado por el sistema de salud para la red de hospitales de St. Joseph; demostraciones de cocina para ConAgra en varias cadenas importantes de supermercados, Presentación exclusiva en una de las ferias más grandes de la nación "OC Fair"; la campaña nacional de Chase Sapphire, Tuvieron participación en Cutthroat Kitchen with Elton Brown como jueces (Food Network) y la colección de recetarios de La Opinión, demostraciónes de cocina para Target, entre otros.

Todo esto les garantizó un lugar en la lista de CNN en "Los 100 Latinos más influyentes en EE.UU.

Jaime y Ramiro también han colaborado en varios libros de cocina, entre ellos "Riqueza Mexicana: Recetario de Auténtica Comida Mexicana".

CREDITS
Créditos

"To our team that made this book possible, we are eternally grateful."

"Con eterno agradecimiento al equipo de producción que hace que este libro sea una realidad."

Authors:
Jaime Martin Del Campo y Ramiro Arvizu

General Manager
Raul F. Rodriguez

Book Design:
Javier Rodriguez

Photography:
Alan De Herrera

Translation (English):
Michael Ryan

Editing (Spanish):
Patricia Del Castillo

Glossary:
Fabiola Torres Del Castillo

Made in the USA
San Bernardino, CA
11 October 2018